松尾芭蕉

枯野

Macuo Bašo

SVENULO POLJE

Izabrane haiku pesme

REČ I MISAO
KNJIGA 586

Urednik
SIMON SIMONOVIĆ

松尾芭蕉

枯野

MACUO BAŠO
SVENULO
POLJE

Izabrane haiku pesme

S japanskog preveli
HIROŠI JAMASAKI-VUKELIĆ
i
SRBA MITROVIĆ
Priredio i komentar napisao
HIROŠI JAMASAKI-VUKELIĆ

IZDAVAČKO PREDUZEĆE „RAD"
BEOGRAD

新年

NOVA GODINA

元日やおもへばさびし秋の暮

Nova godina.
Rastužuje me spomen
na poznu jesen.   (1683)

Pesma je, navodno, napisana 1683. godine, u mestu
Kofu, gde se Bašo privremeno sklonio posle velikog
požara u Edu (sadašnjem Tokiju) u kojem je izgorela
i njegova koliba. Pesnik je novogodišnji dan dočekao
na putu, kao gost u tuđoj kući. Veselje ukućana podse-
ća ga na tugu minule jeseni. Bašoova životna tema
„usamljenička tuga" dobila je prvi put u ovoj pesmi
neposredan izraz („rastužuje me"), bez metafore.

春

PROLEĆE

明ぼのやしら魚しろきこと一寸

Cik prve zore.
Beli se bela riba
tek prst dužine.   (1684)

Bašo je 1684. krenuo na put u zavičaj i ostavio za-
pis poznat kao *Put belih kostiju*. U mestu Kuvana,
pesnik je u rano jutro izašao na obalu mora da po-
smatra kako ribari mrežom love bele ribice. Belina
njihovog sitnog, gotovo prozračnog tela, prosto je
bola oči u trenutku dok se zora probijala istočnim
nebom. Pesma je napisana zimi (u prvom stihu je
stajalo: „Tanak sloj snega."), ali ju je pesnik kasnije
preobrazio u prolećni haiku, usmerivši svoju pažnju
na jednu jedinu tačku na plaži – na belu ribicu. Lov
na bele ribice prolećna je zgoda.

春なれや名もなき山の薄霞

S prolećem valjda,
nad bezimenim bregom
tek sumaglica.   (1685)

Pesma nosi pretekst „Na putu za Naru”, kuda je Bašo
krenuo posle novogodišnjeg praznika provedenog u
svom zavičaju. Nastala početkom drugog meseca po
lunarnom kalendaru ona efektno oslikava prizor ranog
proleća. „Prolećna sumaglica” tradicionalna je vaka te-
ma još iz vremena najstarije zbirke pesama *Manjošu*
(osmi vek) i njenog pesnika Hitomara, koji je toliko
vekova ranije opevao sumaglicu na planini Kagu, ne-
daleko od drevne prestonice Nara. Zamenom te po-
znate svete planine bezimenim bregom, ovaj motiv je
u Bašoovoj pesmi dobio sasvim novu dimenziju.

山路来て何やらゆかしすみれ草

Na gorskoj stazi
nešto me očarava:
ta ljubičica.　　　　　　　　　　(1685)

Pokraj planinske staze na kojoj nikog nije bilo osim
pesnika, njegov pogled zaustavio se na sitnom ljubi-
часtom cvetu. Dogodilo se to na putu za mesto Ocu,
kako je Bašo zabeležio u svom zapisu *Put belih ko-
stiju*. Iako je napisao ovu pesmu podstaknut onim što
je video, ona nije skica ljubičice, već izraz osećanja
koje je ta ljupka prolećna biljka izazvala u pesniku, a
koje se nije moglo jasno definisati, o čemu govori njen
srednji stih. Ali, postoji li lepša reč za ljubičicu, nego
– da je „očaravajuća"?

13

菜畑に花見顔なる雀哉

Na njivi repice
ko da cvetove gleda
maleni vrabac.   (1685)

Žuti cvetovi uljane repice šire se čitavim poljem. Do-
letelo je i vrapče, i kao da razgleda cvetove, kao što mi
posmatramo rascvetalu trešnju. Pesma je puna topli-
ne, sa nešto malo komike. Nastala je u rukopisu *Put
belih kostiju*, u proleće 1685, kad se devetomesečni
Bašoov put približavao kraju. On se potpuno oslobo-
dio početne patetike i, u opuštenom raspoloženju, nje-
govu pažnju sve više su privlačile – neznatne i obične
stvari.

蝶の飛ばかり野中の日かげ哉

Tek let leptirov
na osunčanom polju
što senku stvara.   (1685)

Na tek ozeleneloj travi na prolećnom polju, okupa-
nom blagom sunčevom svetlošću, samo leptirova krila
prave senku. Ovo je čisto intelektualno osmišljena sli-
ka. Stoga je možda lišena doživljajnosti, ali zato daje
jedno pesničko zapažanje, neočekivano i novo za čita-
oca. Pesma je na zadatu temu, u proleće 1685. u Bašo-
ovoj kolibi u Edu, dok mu je jedan učenik bio u poseti.

古池や蛙飛こむ水のをと

Stari ribnjak.
Uskočila je žaba:
pljusak vode.   (1686)

Čim je objavljena, trećeg meseca 1686, pesma je postala pojam za haiku. Smatra se da je Bašo, tek ovom
pesmom, ostvario svoj jedinstveni pesnički svet nazvan „bašoovski". Čuje se pljusak vode – žaba je usko
čila u ribnjak u bašti. U tom gotovo neprimetnom znaku majstor otkriva dolazak proleća kao pojavni oblik
zakonitosti prirode s kojom je potpuno stopljen. Za
tadašnje pesnike koji su bili zarobljenici vekovne predstave o žabi u vaka pesmama, kao stvorenju koje lepo
peva, „žaba koja skače" je bila neočekivana i sveža ideja komike. „Stari ribnjak" u prvom stihu nije puka odrednica za pravac kretanja žabe (zato ne može da stoji
„U stari ribnjak"), već je to metafora večnosti vremena
i kosmičke tišine, koja će, u ostala dva stiha, biti reflektivno razrađena. Pesma sadrži zenovsko poimanje sveta: večni tok vremena prikazuje se presekom trenutka,
a tišina je shvaćena u jedinstvenoj celini s bukom koja
je remeti.

よくみれば薺花さく垣ねかな

Kad se zagledam,
ispod živice cveta
rusomača.   (1687)

Ovo je prizor iz Bašoove kolibe. Rusomača je prosta
i neprivlačna biljka koja u proleće cveta u belim sit-
nim cvastima pored puteva, po oranicama i u baštama.
U ovoj pesmi izražena je radost i iznenađenje pesni-
ka što je otkrio lepotu prirode koja je njegovom po-
gledu dotle izmicala. Prvi stih „Kad se zagledam",
izrečen spontano, kao u nekom razgovoru s komšija-
ma, pokazuje, međutim, pesnikovo oslobođenje od sva-
kodnevice.

花の雲鐘は上野か浅草歟

Oblak cvetova.
Zvoni li u Uenu,
il' Asakusi?   (1687)

Ovu pesmu Bašo je napisao 1687, u svojoj kolibi u predgrađu prestonice, odakle je pogledom mogao obuhvatiti veličanstveni krov budističkog hrama u Asakusi. Tek se bio oporavio od bolesti te nije mogao da ide daleko da na licu mesta uživa u beharu. Cvetovi trešnje u daljini izgledali su kao oblaci ili magla kroz koju je odzvanjalo zvono nekog od velikih hramova. Ova idilična slika proleća odraz je unutrašnjeg mira majstora koji je u svojoj kolibi našao retke trenutke odmora između velikih putovanja. „Cvetovi" odnosno trešnjev cvet, jedan je od četiri osnovna motiva u tradiciji japanskog pesništva, pored „kukavice" (leto), „meseca" (jesen) i „snega" (zima).

雲雀より空にやすらふ峠哉

Nad pesmom ševe
odahnuh baš na nebu:
planinski prevoj.   (1688)

Desetog meseca, 1687. po starom kalendaru, Bašo
kreće na novo, šestomesečno putovanje o kojem je
ostavio beleške. Posle pesnikove smrti, rukopisi su sa-
brani u knjizi *Beleške u putnom rancu*. Putovanje je
ušlo u sledeću godinu, kad je napisana ova pesma na
jednom prevoju na putu za planinu Jošino, često ope-
vanu preko trešnjinevih cvetova. Bašo se kao dete ra-
duje što je nadvisio i ševu koja, inače, poznato je, peva
visoko u prolećnom nebu.

ほろほろと山吹ちるか瀧の音

Prši li se cvet
žute planinske ruže?
Huk vodopada.   (1688)

Kad je Bašo na putu „Putnog ranca" posetio slapove re-
ke Jošino na istoimenoj planini, planinske ruže (ja-
panska kerija) bile su u cvatu, a njihove žute latice
počele su polako da se osipaju, onako kako je drevni
pesnk Curajuki opisao u svojoj vaka pesmi. Između
opadanja cvetova ovog žbunastog bilja i huka vodo-
pada ne postoji uzročnoposledična veza, već je taj
odnos psihološki poslužio pesniku da stvori sliku o
krhkosti žutih cvetova s kojima se Bašo u duši identi-
fikovao. Prva dva stiha su pre umereno uzvična no
upitna rečenica.

父母のしきりに戀し雉子の声

Silno se vrati
žal za majkom i ocem.
Krici fazana.   (1688)

Pesma nosi naslov:„Hram na planini Koja". Godine
1666. kad je umro gospodar, mladi Bašo je bio poslat
kao glasnik na planinu Koja, tako da je bio emocio-
nalno veoma vezan za taj hram. U njegovoj grobnici
su bili položeni i uvojci kose pesnikovih predaka i
urne mnogih njemu dragih. U osnovi ovog haikua je
jedna stara vaka pesma koja glasi: Čujem fazana /
kako žalosno kriče; / tada pomislih: / da l' mi to majka
plače, / da l' me to otac zove?

草臥て宿かる比や藤の花

Umoran od puta
potražih konak, a tad:
cvet glicinije.   (1688)

Uz ovu pesmu, Bašo je zapisao: „Iako sam puno stva-
ri ostavio da mi ne bi smetale na putu, ipak sam u
rancu na leđima nosio papirni ogrtač za noćenje, nešto
kao kišni mantil, tuš, četke, papire, lekove, kutiju za
ručak itd., tako da sam, nemoćan i slabašnih nogu,
sporo napredovao, kao da me ranac vukao unazad." U
samo sedamnaest slogova kristalizovani su: sumorna
atmosfera kraja proleća, sumrak, gostionica u malom
mestu, ljubičasti cvetovi glicenije, umor i samoća na
putu.... Pesma je napisana u leto i prvi stih glasio je
„Glas kukavice". Ali je kasnije u *Beleškama u putnom
rancu*, objavljena u ovom izmenjenom obliku kao pro-
lećni haiku.

行はるや鳥啼うをの目は泪

Proleće minu.
plaču ptice, suzne su
i oči riba.   (1689)

Pesma je nastala na prvoj stanici na putu opisanom u putopisu *Uska staza prema Dalekom severu*, gde se majstor oprostio od svojih učenika koji su ga ispratili. U toj knjizi, Bašo piše: „Kad smo sišli s čamca u mestu Senđu, pomisao na predstojeći put od više hiljada kilometara odjednom mi je pritisla dušu pa su mi suze navrle na rastanku, u ovom svetu privida". Tema rastanka je zamenjena temom žalbe za odlazećim prolećem, a tuga simbolično izražena u suzama ptica i riba, čime je ostvaren potpuni poetski doživljaj. Lomom u sredini pesme, poslednja dva stiha se dele na 4/8, umesto 7/5 slogova; ovim opkoračenjem, emocija se dovodi do kulminacije.

うぐひすの笠おとしたる椿哉

Maleni slavuj
ispusti svoj šеširić:
cvet kamelije.   (1690)

Naizgled, pesma se zasniva na jednostavnom poređe-
nju, ali ona u svojoj osnovi ima stare vaka pesme u ko-
jima se sitni cvet šljive poredi sa slavujevim šеširićem.
Naime, tipično je za vaka pesme da se ova ptica pred-
stavi kako divno peva na rascvetaloj grani šljive. Do-
vođenjem slavuja u vezu s kamelijom, Bašo ga je
smestio u svet komike, jer je kamelijin cvet, veličine
do deset santimetara, ipak pretežak za njegovu glavicu.
Japanski slavuj (uguisu) je mala ptica maslinastosmeđe
boje, čiji je melodični pev pravi vesnik proleća. Pesma
je, početkom 1690, nastala u Bašoovom zavičaju, u pro-
vinciji Iga.

山里は万歳おそし梅の花

U selo brdsko
lakrdijaši kasne.
Šljive u cvetu.   (1691)

Ovo brdsko selo zapravo je pesnikovo rodno mesto
Ueno u provinciji Iga, gde je Bašo boravio 1691, od
Nove godine do kraja trećeg meseca po lunarnom
kalendaru. U to vreme, bio je običaj da lakrdijaši obi-
laze svaku kuću, da bi ukućanima poželeli sreću i zdrav-
lje u novoj godini. Ali, u zabačeno selo kakvo je bilo
Ueno, oni bi stigli sa zakašnjenjem, tek kad bi se beli
cvetovi šljive već uveliko rascvatali širom sela. Bašo
je toplo naslikao rustikalni život zavičaja.

鶯や餅に糞する縁の先

Sićani slavuj.
Pokakio pirinač
sušen na tremu.   (1692)

Bašo je Novu 1692. godinu dočekao u Edu, kod svog
poznanika. Tek je prošlo malo vremena od novogo-
dišnjeg slavlja. Ostatak pirinčanih kolača priprem-
ljenih za tu priliku sad se sušio na tremu otvorenom
prema bašti; doleteo je slavuj i tu se pokakio. Ovom
pesmom, Bašo dovodi do kraja „haikaizaciju" slavuja.
Za razliku od slavuja iz sveta vaka poezije, on više ne
peva pesmu proleća, niti doleće na rascvetalu šljivu,
već je uhvaćen – u jednoj banalnoj situaciji. Bašoov
savremenik Onicura, koji je takođe veoma zaslužan za
inovaciju haikaija, iste 1692. godine je napisao: Sića-
ni slavuj / pokakio je granu / rascvetale šljive. Bašo je
išao dva koraka ispred.

猫の戀やむとき閨の朧月

Ljubav mačaka
stade, kad u odaji:
bleda mesečina.   (1692)

„Ljubav mačaka" je prolećna tema. „Bleda mesečina"
odnosno Mesec u sumaglici, takođe. Pravilo nalaže
da se u jednoj pesmi ne koriste dva izraza za isto go-
dišnje doba, ali na to se očigledno nije toliko obazi-
ralo u Bašoovo vreme. Bašoovi učenici samo su pre-
poručivali da se to izbegava bez preke potrebe. Kratka
pauza u sredini srednjeg stiha daje ovoj pesmi složen
prizvuk i poseban čuvstveni efekat. Pesma je nastala
u kući Bašoovog prijatelja, kod kojeg je majstor pri-
vremeno boravio, pre nego što se petog meseca 1692,
uselio u novosagrađenu kolibu bašoovog stabla na reci
Sumida.

むめがゝにのつと日の出る山路かな

Virnulo sunce
u zapah cveta šljive.
Planinska staza.   (1694)

Sveži jutarnji vazduh ranog proleća bio je natopljen
divnim mirisom belih cvetova šljiva, kad se iznenada
pojavilo ogromno crveno sunce. Čim je objavljen na
prvoj stranici zbirke pesama Bašoove škole *Vreća za
ćumur* (1694), ovaj haiku je stekao popularnost kao
tipičan primer za novi stil nazvan „karumi" (lakoća),
kojim je veliki majstor pokušao da prevaziđe svoj „ba-
šoovski stil". To novo, ogleda se u ovoj pesmi u jedno-
stavnoj slici i primeni mimetičnog izraza preko kolo-
kvijalizma, koji je u prevodu, prenesen upotrebom gla-
gola „virnuti".

春雨や蜂の巣つたふ屋ねの漏

Prolećna kiša.
Niz osinjak pod strehom
curi kišnica.   (1694)

Prema kazivanju jednog učenika, Bašo je stvarno vi-
deo ovakav prizor u kolibi kraj reke Sumida, u kojoj
je živeo poslednje dve godine, pre nego što je petog
meseca 1694. po starom kalendaru, krenuo na svoje
poslednje putovanje. Tiha i topla prolećna kiša prosto
ga je mamila na put. Prazan prošlogodišnji osinjak ispod
strehe nagoveštava da će i koliba uskoro ostati bez svog
stanara.

青柳の泥にしだる丶塩干かな

U blatu grane
ozelenele vrbe:
vreme oseke.   (1694)

Tanke i zelene grane žalosne vrbe na nasipu i blatnja-
vo rečno korito za vreme oseke stvaraju poseban svet
haikaija. ,,Oseka'', u ovoj pesmi nije opšta imenica već
označava veliku prolećnu oseku koja se dešava tre-
ćeg trećeg po lunarnom kalendaru. ,,Ozelenela vrba''
je takođe prolećna pojava. Bašo je bio majstor u po-
vezivanju dve nevezane pojave koje su, u međusob-
nom delovanju, oživljavale. Reč ,,blato'' ovde ima fun-
kciju veziva. Bašoova superiornost jasno se vidi, ako
se ova pesma uporedi sa pesmom pesnikinje Ćijođo
nastalom čitav vek kasnije: Kratke su grane / ozelenele
vrbe: / vreme oseke.

夏

LETO

馬ぼくぼく我を*ゑ*に見る夏野哉

Top-topoće konjić.
Sebe na slici vidim
na letnjem polju.　　　　　　　　(1683)

U pesmi nastaloj pri kraju Bašoovog privremenog bo-
ravka u mestu Kofu, četvrtog ili petog meseca 1683.
po starom kalendaru, oseća se izvesna opuštenost. Maj-
stor je, čak, uzeo sebe za predmet podsmeha. Kasnije
je napisao i pretekst uz pesmu posvećen svom portre-
tu: „Odakle je došao, i šta tako strastveno traži monah,
koji, sa šeširom od šaše na glavi, jaše seoskog konja?
Čovek veli, da sam to ja na putu. Ako je tako, neka taj
nespretan jahač lutalica ne padne s konja i ne doživi
nezgodu." Upotrebom onomatopeje i jednim slogom
više u prvom stihu pesnik je uspeo da predoči korake
seoskog konja i njegovog jahača na žarkom letnjem
suncu.

夏衣いまだ虱をとりつくさず

Letnji haljetak.
Jošte ga ne istrebih
od silnih vašiju.   (1685)

Ovaj haiku ima kratak pretekst: „Krajem četvrtog me-
seca, dok se u kolibi odmaram od napornog puta." Reč
je o putu „Belih kostiju" koji je trajao devet meseci.
Za jedan slog produžen poslednji stih oslikava zamor
i tromost koju oseća pesnik po povratku s puta. Bašo
je ostavio i svoju letnju haljinu onako kako ju je na putu
nosio, s prljavštinom i vaškama. No, jednom pustinjaku,
i vaške su dobro društvo.

若葉して御めの雫ぬぐはゞや

Da mladim listom
s očiju tvojih slepih
ubrišem kaplju.   (1688)

Početkom četvrtog meseca 1688, Bašo je posetio hram
Tošoaiđi u Nari i video kip slepog kineskog sveštenika
iz osmog veka. Zapisao je u *Beleškama u putnom ran-
cu*, uz ovu pesmu: „Prilikom dolaska u našu zemlju
sveštenik Ganđin oslepeo je od slanog morskog vetra.
Poklonih se njegovoj presvetoj statui." Svež i mekan
„mladi list" lepo korespondira s rečju „kaplja" koja je
simbol suze bola i milosrđa. Mada je pomenut samo
jedan list, to je dovoljno da se zamisli drevni budi-
stički hram utonuo u mladom zelenilu ranog leta.

ほとゝぎす消行方や嶋一ツ

Tamo gde nesta
oštar glas kukavice –
neko ostrvo.   (1688)

Ova vrsta kukavice (hototogisu) je letnja ptičica čiji
je oštar glas u letu bio omiljen motiv japanskih pesni-
ka. Sam Bašo, posvetio je ovoj ptici sedamnaest ha-
ikua. Pesma je nastala kad se Bašo, ,,hvatajući se za
žbunje i korenove – kako piše u *Beleškama u putnom
rancu* – strmom kamenitom stazom" popeo na planinu
odakle se vidi ostrvo Avađi. Samo, pesnik je prećutao
ime tog u pesmama često opevanog ostrva kao nešto
što jako asocira na vaka svet, smatrajući da je to pre-
više, jer ovaj haiku, već u svojoj osnovi, ima staru vaka
pesmu koja glasi: Kad se okrenuh / za glasom kuka-
vice / tamo gde peva, / susretoh još jedino / mesec u
praskozorje.

蛸壺やはかなき夢を夏の月

Kratak san sneva
hobotnica u ćupu.
Letnji je mesec.   (1688)

Pesma je, kao poslednja objavljena u zapisu *Beleške u putnom rancu* pod naslovom: „Noćenje u Akašiju." Akaši je primorsko mesto poznato po lovu na hobotnice zemljanim ćupom koji ribari postavljaju na dno mora. U starim vaka pesmama kratke letnje noći opevali su sa žaljenjem plemići-ljubavnici, ali ih je Bašo zamenio hobotnicom i tako postigao prefinjenu komiku. Istovremeno, sudbina ulovljene hobotnice podseća nas na prolaznost života, večitu temu srednjovekovne poezije u Japanu koju je Bašo sledio.

おもしろうてやがてかなしき鵜舟哉

To beše veselo,
na kraju pusto, tužno –
kormoran-čamac.   (1688)

Posle puta „Putnog ranca", Bašo je nekoliko meseci
proveo u središnjem delu Japana. Jedne večeri imao
je priliku da se s društvom veseli na obali reke Nagara
diveći se veštini ribara koji su upravljali kormorani-
ma i pomoću vatre lovili ribe. Ali kad se vatra ugasila
i čamci su odlazili, obuzelo ga je tužno osećanje. Pesma
se neposredno oslanja na tekst No drame „Lov kor-
moranima" iz kojeg su uzete dve ključne reči – „ve-
selo" i „tužno". Prvi stih, s jednim slogom više ima la-
ganiji tempo u odnosu na drugi deo koji ubrzano teče
ka završnici, što podseća na strukturu No drame. Pot-
puna identičnost pozorišne scene i doživljaja pesnika,
tj. izmišljenog i stvarnog, čini bogat bit ove pesme.
Na reci Nagara, kod grada Gifu, i danas se love ribe
na isti način kao u Bašoovo vreme.

あらたうと青葉若葉の日の光

Oh, božanstveno!
Zeleno, mlado lišće
u sjaju sunca. (1689)

Ovaj haiku zapisan je u putopisu *Uska staza prema Dalekom severu*. Bašo je prvog četvrtog 1689, posetio planinu Niko i svetilište Tošogu posvećeno osnivaču Tokugava šogunata, i video kako izmešano trepere svetlozeleno i tamnozeleno lišće obasjano suncem ranog leta. U tom prizoru pesnik je prepoznao delo božanstva, pa je u pomenutoj knjizi, zapisao: „Sada ovo svetilište svojim sjajem obasjava nebo i svojom milošću preplavljuje zemlju, tako da ceo narod živi spokojno i u miru." Naziv mesta Niko znači: sunčeva svetlost, i izraz „sjaj sunca", u poslednjem stihu, predstavlja igru rečima.

風流の初やおくの田植うた

Sami početak
lepog: setvena pesma
Dalekog severa.　　　　　　(1689)

Zemlje Dalekog severa počinjale su od graničnog pre-
laza Širakava koji je, u Bašoovo vreme, bio u ruševi-
nama. Za razliku od drevnih pesnika koji su na ovom
mestu dobili nadahnuće za predivne vaka pesme, Bašo
nije opevao sumaglicu u proleće ili porumenele javo-
rove listove u jesen, niti čežnju za prestonicom. Isti-
čući setvenu pesmu seljaka kao „početak lepog", on je
pokazao, gde haikai majstor može i mora da nađe poe-
ziju. Kratak prekid u sredini srednjeg stiha pomaže
da se, u jednom dahu, iskaže ono što je u ovoj pesmi
najvažnije: „setvena pesma Dalekog severa".

夏草や兵共がゆめの跡

Ta letnja trava:
tragovi pustih snova
silnih ratnika.   (1689)

Ova pesma napisana je petog meseca 1689. na putu
„Uske staze" na starom bojištu Hiraizumi. Na ovom
mestu bilo je dvoraca i hramova tri pokolenja vladara
ovog kraja, a ovde je poginuo i legendarni vojsko-
vođa Jošicune u neravnopravnoj borbi sa vojskom
svoga brata Joritoma. Sve je to nestalo kao trenutni san
i ostale su samo bujne trave, kao u pesmi kineskog
pesnika Tu Fua koju Bašo u svom putopisu citira:
Propala je zemlja, ostale su planine i reke. / U gradu je
proleće, zelene se trave i drveće. Ovaj haiku jedan je
od najomiljenijih kod Japanaca zahvaljujući iskazanoj
misli o prolaznosti ovozemaljske slave. Šest otvorenih
samoglasnika „*a*" u izvornoj pesmi daje joj toplinu i
izvandredan ritam.

五月雨のふり残してや光堂

I majska kiša
ostavlja u suvoti
paviljon Svetlost.   (1689)

U mestu Hiraizumi, Bašo je posetio Hikarido (paviljon
Svetlost) u kojem se čuvaju tri kovčega sa mumifici-
ranim telima vladara iz porodice Fuđivara. U to vre-
me, kao i sada, to zlatom obloženo zdanje bilo je po-
kriveno zaštitnom građevinom. U ovoj pesmi pesnik
ga je, svojom imaginacijom, otkrio i video čudo: pavi-
ljon Svetlost stoji netaknut, u punom sjaju, kao da ga
je i dosadna majska kiša poštedela tokom pet vekova.
Majske kiše (samidare), u Japanu veoma su obilne. To
kišno doba počinje u maju po starom kalendaru, i traje
mesec dana.

蚤虱馬の尿する枕もと

Buve i vaši;
I konj se pomokrio
kraj mog uzglavlja.　　　　　(1689)

Posle Hiraizumija, Bašo prelazi preko planinskog ven-
ca na drugu stranu glavnog ostrva Japana. Bila je to
najteža deonica na putu „Uske staze". Bio je iscrpljen,
jedva je našao konačište gde mu je priređena „dobro-
došlica" kakvu je opisao u ovoj pesmi. Međutim, pe-
snik je sve te muke preokrenuo u veseli osmeh. Pesma
ima jednostavnu strukturu i nema prekida posle prvog
stiha (i pored tačke i zareza, u prevodu), jer se buve i
vaši ne odvajaju u posebnu celinu nego su, značenjski,
u istoj ravni s konjem.

這出よかひやが下のひきの聲

Izmili žabo!
Pod patosom svilare
čuje se kreket.   (1689)

U mestu Obanazava, Bašo je bio gost bogatog trgovca i imao retke trenutke odmora. Opušteno i dokono raspoloženje oseća se već u prvom stihu ove pesme: majstor, koji kao putnik i gost kuće nema šta da radi, obraća se žabi da mu pravi društvo! Bašo se za ovaj haiku poslužio starim vaka pesmama iz osmog veka o ljubavnicima u kolibi ispod koje peva žaba. Međutim, on je u ovoj pesmi zamenio reč „koliba za baklju" (postavljena na njivi da se vatrom teraju jeleni) njenim homonimom „svilara". Ni žaba nije ona koja je proslavljena svojim prijatnim glasom, već žaba krastača, groteskno biće stvoreno baš za haikai.

閑さや岩にしみ入蝉の聲

Kakva tišina!
U stene se upija
zuka cvrčaka. (1689)

Posle pesme o „Starom ribnjaku", ovo je svakako, naj-
poznatiji Bašoov haiku. U putopisu *Uska staza prema
Dalekom severu* pesnik je zapisao: „Stene se uzdižu
na kamenju i tako do vrha, okolo su stari borovi i hra-
stovi, a zemlja i kamen što tu stoje od pamtiveka pre-
kriveni su glatkom mahovinom. Vrata paviljona na
stenama zatvorena su i ne čuje se ni najmanja buka.
Uspinjući se stazom uz litice i preko kamenja stižem
do hrama da mu se poklonim. Izvanredan prizor utonuo
je u duboku tišinu i osećam samo kako mi se duša pro-
čišćava." Pesma je nastala u trenutku potpune harmo-
nije spoljašnjeg i unutrašnjeg sveta čoveka, dok je ve-
kovna tišina starog planinskog hrama prožimala dušu
velikog pesnika. Bašo to poredi sa posve suprotnim
stvarima — tišinu sa bukom (hor cvrčaka, tj. cikada), a
čovekovu dušu sa neorganskom materijom (stena).
Pesma je od nastanka do konačnog oblika pretrpela
više izmena. Iz njene prve verzije Bašo je izbacio prvi
stih — „Hram na planini", tako da je njena središnja te-
ma istaknuta neposredno, bez materijalizacije.

45

五月雨をあつめて早し最上川

Brzo li teče
skupljajuć majsku kišu –
reka Mogami.   (1689)

Na putu „Uske staze", Bašo je putovao čamcem niz
reku Mogami, koja se ubraja u tri najbrže reke u Ja-
panu, i to posle obilne majske kiše. Pesnik je u svom
putopisu napisao da je „nabujala voda ugoržavala ča-
mac". Ova pesma od samo sedamnaest slogova bez
ostatka prenosi svu silinu kretanja vode u njenoj brzi-
ni („brzo") i u njenoj količini („skupljajuć majsku ki-
šu"). Struktura pesme je jednostavna, jednodelna i di-
namična. Ona počinje širim i dopunskim rečima (brzo,
majska kiša) i bez prekida i snažno stremi ka sredi-
šnjem predmetu pesme (reka Mogami). Kao sam tok
reke.

涼しさやほの三か月の羽黒山

Kakva svežina!
Senka mladog meseca
iznad Hagura.　　　　　　　(1689)

Svetilišta na planinama Haguro, Gasan i Judono, koje
se nalaze jedna pored druge, na Bašoa su ostavila
snažan utisak. Bašo je, kao gost, primljen u svetilištu
na planini Haguro, odakle je krenuo u posetu ostalim
svetilištima. Na kraju svog boravka, na traženje viso-
kog sveštenika, pesnik je ispisao nekoliko haikua. U
ovoj pesmi, Bašo je stvorio mističnu sliku mladog me-
seca koji baca bledo svetlo na svetu planinu. Prvi stih
„Kakva svežina!" nije opis svežine koju je doneo ve-
černji povetarac posle vrelog letnjeg dana, već je to
„pozdrav" domaćinu koji je majstoru priredio izuzetno
gostoprimstvo.

雲の峯いくつ崩れて月の山

Vrsi oblaka
jedan se za drugim ruše:
Mesec nad gorom.   (1689)

Ovo je takođe „pozdravna" pesma. Bašo je želeo da
pohvali domaćina, sveštenika Egakua, veličajući sveti-
lište na planini Gasan. Koristeći sliku „meseca nad
gorom", on je primenio efektnu igru rečima da bi u
pesmu utkao ime mesta. Gasan na japanskom znači
Mesečeva gora. Planina Gasan (1.980 m) najviši je vrh
koji je Bašo ikad savladao. „Penjasmo se kroz oblake
i maglu i planinski vazduh, gazeći po ledu i snegu i
uđosmo, učinilo mi se, kroz nebesku kapiju gde pro-
laze putevi sunca i meseca, dok, zadihani i smrznuti,
ne stigosmo na sam vrh. Tad sunce zađe i mesec se
pojavi" – piše pesnik u *Uskoj stazi prema Dalekom
severu.* Iz daljeg teksta, saznajemo da je Bašo ovde
prenoćio pod vedrim nebom i tek u zoru sišao prema
svetilištu Judono.

頓て死ぬけしきは見えず蝉の聲

O skoroj smrti
nikakav znak ne daje –
raspevan cvrčak.　　　　　(1690)

Posle napornog puta „Uske staze" Bašo je proveo
jedno leto u letnjikovcu Genđuan (koliba prividnog
života), blizu jezera Biva. Tu je nastala ova pesma koju
je Bašo, navodno, podario jednom svom učeniku. Pe-
sma je odmah postala omiljena među njegovim učen-
icima zbog jasne poruke o nepostojanosti života. Cvrčak
koji leti intenzivno peva na drvetu simbol je kratkog
života. Bašo je verovatno znao za reči kineskog mi-
slioca Čuang Cea: „Cvrčci ne znaju ni za proleće, ni
za jesen."

うき我をさびしがらせよかんこどり

Mene sumornog
rastuži ti još više,
oj, kukavice!   (1691)

Smatra se da je pesma u prvobitnoj zamisli nastala
još 1690, u kolibi prividnog života, da bi tek sledeće
godine dobila konačan oblik. Bašo se odrekao samu-
rajske službe, ugodnog velegradskog života haikai maj-
stora, porodice i stalnog mesta boravka, ali mu je ovo-
zemaljski život bio i dalje sumoran. Zato se obratio
šumskoj kukavici da, svojim glasom, uveća njegovu
usamljeničku tugu. Ideja za ovaj haiku uzeta je iz vaka
pesme monaha Saigjoa iz dvanaestog veka kojeg je
Bašo smatrao svojim prethodnikom: Da me poseti /
niko se ne usudi – / u brdskom selu, / bez tuge bi sa-
motne / sumoran život bio. Još jedna Saigjoova pesma
imala je udela u oblikovanju ovog haikua, a ona glasi:
U brdskom selu / ko l' me to opet zove, / oj, kukavice,
/ kada želim da živim / život usamljenički. Dok je Sa-
igjo odbijajući zov ptice, težio ka apsolutnoj samoći,
Bašo je, u druženju s kukavicom, našao svoju pravu
usamljeničku tugu.

うぐひすや竹の子数に老を鳴

Maleni slavuj:
u bambusovom žbunju
opeva starost.　　　　　　　(1694)

Petog meseca 1694, po lunarnom kalendaru, Bašo je
krenuo na svoje poslednje putovanje, na put „Svenulog
polja", ostavljajući po četvrti put, svoju kolibu na reci
Sumida. Pesma je, navodno napisana na njegovom
ispraćaju, a objavljena je u zbirci *Vreća za ćumur*.
Slavuj, koji je u proleće oduševljavao svojim slatkim
pevom na grani rascvale šljive, sada je ostareo i peva
svoju poslednju pesmu, skriven u žbunju bambusovih
izdanaka, tj. u svom starom gnezdu. Ovde nije teško
prepoznati starog majstora, pesnika Bašoa u tom usam-
ljenom, ostarelom slavuju.

朝露によごれて涼し瓜の泥

Jutarnjom rosom
zamazana i sveža –
blatnjava dinja. (1694)

U poslednjoj godini života, Bašo je, izvesno vreme
živeo u letnjikovcu svoga učenika Kjoraija u predga-
đu Kjota. Događaj o kojem je ovde reč odigrao se tu
sredinom sedmog meseca po lunarnom kalendaru, pre
nego što se pesnik, poslednji put vratio u zavičaj na za-
dušnicu. Na tek ubranoj dinji, mokroj od jutarnje rose,
pesnik je primetio malo blata i tu osetio svežinu. Reč
„sveža", ne odnosi se toliko na dinju, koliko na letnje
jutro, a najviše odražava osećanje samog pesnika koji
je „osvežen" pojavom dinje. U haiku poeziji, „rosa" se
tretira kao jesenja pojava, ali je pesma svrstana u leto
po „dinji", poslastici za letnjih žega.

秋
JESEN

夜ル竊ニ虫は月下の栗を穿ツ

U noći potajno
crv buši kestenov plod
pod punim mesecom.   (1680)

Na noćnom nebu je pun mesec i sve što je na zemlji
počiva u tišini, osim što crv, skriven od očiju drugih,
neumoljivo iznutra grize plod divljeg kestena, kao da
je to griženje jedini pokret na ovome svetu. Kad se
govori o mesecu u vezi sa kestenovim plodovima, onda
se misli na „kasniji pun mesec" od trinaestog devetog
po lunarnom kalendaru. Pesma se oslanja na kineski
stih: „U noći potajno kiša buši mahovinu na kamenu",
ali je Bašo od crva i meseca stvorio fantastičnu sliku,
dotad nepoznatu u haikai pesništvu. Prekoračenje bro-
ja slogova (po jedan više u prvom i trećem stihu) i upo-
treba kineskih izraza, karakteristike su Bašoovog „avan-
gardizma" oko 1680.

枯枝に烏のとまりたるや秋の暮

Na golu granu
spustiše se crni gavranovi.
Jesenje veče.   (1680)

Pesma je izvedena iz likovnog motiva „Zimska vrana
na goloj grani", ali, od tih slika tušem, odudara po ve-
selijem tonu koji proizvodi neobično dugačak srednji
stih (čak tri sloga više nego što treba!). Na slici koju
je Bašo lično naslikao uz ovu pesmu, možemo da vi-
dimo ravno sedam gavranova ili vrana, kako sede na
osušenom drvetu okićenom crvenim lišćem bršljana,
a nebom leti još dvadesetak crnih ptica na zlatnoj pod-
lozi. Stoga se može zaključiti da je pesma pre parodija
nego autentična slika samotne jesenje večeri. I pored
toga, ona se uzima kao nagoveštaj „bašoovskog stila",
zato što ima nečeg zenovskog u njoj, i što je jezički
očišćena od izraza preuzetih iz kineskih pesama.

野ざらしを心に風のしむ身哉

Belih kostiju
u duši – telo se
upija vetar.   (1684)

Ovom pesmom Bašo je počeo svoje devetomesečno
putovanje opisano u zapisu *Put belih kostiju*. Pesnik je
na put krenuo u jesen 1684, osmog meseca po starom
kalendaru. Pesma izražava njegovu spremnost na smrt,
da pored druma ostavi svoje kosti, koje bi ubrzo po-
belele na kiši i vetru. Ipak, hladan jesenji vetar, izaziva
u njemu jezu najgorih pomisli. Prvi deo pesme nedore-
čen je, bez glagola, sa kratkim prekidom usred drugog
stiha. To pokazuje patetično osećanje pesnika u duši
pred veliki put. Ta patetika pomalo je prenaglašena, jer
u stvarnosti, takva sudbina ne bi mogla zadesiti Bašoa
koji je imao pratnju, a svuda su ga rado dočekivali uče-
nici i pristalice, ali ovo odgovara duhu komike u haikai
poeziji.

道のべの木槿は馬にくはれけり

Pokraj puta je
cvet sleza – obrsti ga
to moje kljuse.   (1684)

U zapisu *Put belih kostiju* pesma je objavljena pod naslovom „Pred očima", a u nekim drugim izdanjima „Na konju", što pokazuje da se ovaj događaj odigrao u neposrednoj blizini pesnika na konju. Bašo je, u jednom momentu primetio beli slezov cvet pored druma, ali nije bilo vremena da mu se divi: ispruživši svoj vrat njegov konj ga je pojeo! Pesnik opisuje taj neočekivan doživljaj neposrednim jezikom, bez ikakve primisli. Pesma u originalu je jednodelna, ali se usred srednjeg stiha nalazi lagani prekid koji je u našem prevodu označen crticom. Prvi deo govori o tome šta je u pitanju (cvet sleza), a drugi, šta mu se dogodilo (konj ga pojede), kao neko zenovsko pitanje i odgovor, što nas upućuje na dublje razmišljanje o smislu efemernog života.

手にとらば消んなみだぞあつき秋の霜

Taknem li ga, nestalo bi;
suze su moje vrele.
Jesenje inje.   (1684)

Godine 1684, Bašo se nakratko vratio u svoje rodno
mesto Ueno, prvi put posle devet godina. U zapisu
Put belih kostiju piše: „Početkom devetog meseca
stigoh u svoj zavičaj. Spomenak zasađen u bašti maj-
čine kuće već je bio uveo od inja i nije ostavio ni tra-
ga. Sve se promenilo od nekadašnjeg izgleda. Sedi i
naboranog čela braća i sestre samo mi rekoše: 'Kako
si samo još živ...' i ostaše bez reči. Stariji brat odreši
kesu za amajliju i reče mi: 'Pokloni se uvojcima sede
kose naše pokojne majke. Vratio si se posle toliko go-
dina kao ribar Urašima iz bajke. Tvoje obrve poka-
zuju da si i ti prilično ostareo.' Zaplakasmo gorko za
trenutak.'' Prvi stih ima osam slogova, ali do viška od
tri sloga nije došlo radi avangardizma, već spontano,
kao izraz jačine emocije koju je izazvao susret sa maj-
činim uvojcima. Simboličnim jezikom, pesma govori
o prolaznosti života: „jesenje inje'' zadržava se samo
u jutarnjim časovima. Tek iz preteksta saznajemo da
se, iza reči, krije iskrena tuga za majkom.

名月や池をめぐりて夜もすがら

Prekrasan mesec!
Čitave noći šetah
oko ribnjaka.   (1686)

Bašo ima dvadesetak pesama o mesecu i njegovoj
lepoti, ali je ovo, svakako najpoznatija. Pesma duguje
svoju popularnost pre svega, jednostavnosti izraza: ona
ništa ne kazuje, osim da je mesec bio tako lep da je
pesnik zaboravio na vreme; u njoj nema ničeg osim
meseca na nebu i njegovog odraza na vodi. Mesec,
nebo i voda – sve je to pesnik smestio u jedan krug
koji je na zemlji ucrtao svojom beskrajnom šetnjom.
Kad se u japanskoj poeziji govori o ,,mesecu" bez
određenog godišnjeg doba, onda je to pun mesec od
petnaestog osmog po lunarnom kalendaru. Tog dana
te 1686. godine, Bašoovi učenici okupili su se kod
njega da uživaju u mesečini.

荒海や佐渡によこたふ天河

Burnog li mora!
Prema ostrvu Sado
Mlečni put leži.   (1689)

Veličanstvena slika neba i mora, i isto toliko veličan-
stven duh pesnika, potpuno su stopljeni u sedamnaest
slogova. Usamljenost večitog puta iskazana je snažnim
jezikom. Pesnik stoji na rtu i gleda ostrvo čiji se
obrisi jedva naziru na pučini. Dole pod nogama je uz-
burkano severno more koje mu govori da je ostrvo
nedostižan cilj. Gore iznad glave je Mlečni put čiji se
kraj ne vidi, kao i put kojim je pošao. Ostrvo Sado je
istorijsko mesto gde su mnogi prognanici iz stare pre-
stonice tragično završili svoj život. Sećanje na te ljud-
ske sudbine, nema sumnje, podstaklo je pesnika da na-
piše ovu pesmu. Ali, znanje o prošlosti ovog ostrva se-
kundarno je za razumevanje ovog haikua. Pesma je
objavljena u putopisu *Uska staza prema Dalekom se-
veru*, a nastala je sedmog sedmog, na dan kad se slavi
praznik Kumove slame. To je poslužilo pesniku da u
pesmu uvede ovu nebesku pojavu.

あかあかと日は難面もあきの風

Dok jarko sunce
još nemilice peče:
vetar jesenji.   (1689)

Ovaj haiku pokazuje Bašoovo istančano osećanje i
moć zapažanja da u najmanjim znacima promene pre-
pozna nagoveštaj novog godišnjeg doba. Bašo je puto-
vao preko planinskog prevoja, sunce ga je peklo, ali
je večernji povetarac odjednom doneo svežinu pokazu-
jući da je jesen već tu. Pesma je u knjizi *Uska staza
prema Dalekom severu* štampana sa naslovom „Na
putu", na stranici posle grada Kanazava, a svi drugi izvori
govore da je, ipak, napisana pre nego što je Bašo sti-
gao u taj grad. To još jednom potvrđuje da je najpo-
znatije Bašoovo delo, pre literarna fikcija nego li pu-
topisni dnevnik.

塚もうごけ我泣こゑは秋の風

Pokreni se, grobe!
Moj glas što gorko plače –
jesenji vetar.   (1689)

Jedan od ciljeva Bašoovog puta na sever bio je da
sretne mladog pesnika Išoa i da s njim, u gradu Kanaza-
va, stvori jako središte svoje pesničke škole. Međutim,
čekala ga je tužna vest da je Išo umro prošle zime ne
dočekavši svog učitelja. Pesma je nastala na njegovom
grobu. Imperativ sa viškom od jednog sloga u prvom
stihu deluje snažno emotivno, što se prenosi i na sred-
nji stih. To subjektivno izraženo osećanje se materija-
lizuje na kraju u „jesenjem vetru". Time je stvorena
objektivna slika nadgrobnog spomenika na prohlad-
nom vetru i izbegnuto da pesma padne u sentimentalnost.
Ovo je izvanredan primer majstorske upotrebe znaka
godišnjeg doba kigoa.

むざんやな甲の下のきりぎりす

Oj, te žalosti!
Pod ratnikovim šlemom
sad peva cvrčak.   (1689)

Poznatu epsku temu iz dvanaestog veka, smrt vojvode
Sanemorija, Bašo je pretočio u haiku pesmu uzevši
prvi stih neposredno iz teksta No drame. U toj drami
pojavljuje se duh ratnika da ispriča o svojoj pogibiji.
Legenda kaže, da je Sanemori ofarbao svoju osedelu
kosu pre nego što je krenuo u svoj poslednji boj da
ga protivnici ne bi potcenili. Bašo je na putu „Uske
staze" video šlem starog ratnika u svetilištu Tada.
Prožeta budističkom mišlju da je ovozemaljska slava
prolazna, pesma je jedna vrsta rekvijema za tragično
poginulog junaka.

胡蝶にもならで秋ふる菜虫哉

Ne posta leptir,
a jesen na izmaku:
ta gusenica.   (1689)

Završavajući svoj šestomesečni put „Uske staze", de-
vetog meseca 1689, Bašo se kratko vreme zadržao u
mestu Ogaki u središnjem Japanu, da bi ubrzo nasta-
vio put za svetilište Ise. Ova pesma napisana je još
dok je Bašo bio u Ogakiju. Pesnik se u njoj identifi-
kuje sa preživelom gusenicom kupusovog belca koja
je sama ostala na zelenišu, dok su ostale gusenice već
postale leptiri. Aluzija na usamljenički život haikai
majstora je savršena.

病鴈の夜さむに落て旅ね哉

Bolesna guska
pade za hladne noći.
Konak na putu.   (1689)

Noćnim nebom leti jato divljih gusaka. Jedna od njih,
bolesna ili ranjena, ispala je iz jata i hitro se spustila
u zaliv Katada. I Bašo je, kako je napisao u pismu pri-
jatelju, „jako prehlađen, proveo tešku noć na putu u
ri-barskoj kolibi" u istom mestu. Da li je on stvarno
video i čuo divlje guske, da li je ležao u ribarskoj kući
ili u gostinskoj sobi obližnjeg budističkog hrama, za
ovu pesmu je irelevantno. Zaliv Katada bio je poznato
svratište ove ptice selice i ta činjenica bila je odluču-
juća da Bašo za poređenje uzme obolelu gusku dok
je bolestan ležao u tom ribarskom selu. Kjorai, jedan
od najboljih Bašoovih učenika, rekao je za ovaj haiku
da je „uzvišenog tona i prefinjenog ukusa i niko ne
može tako dobro da ga smisli" (kao Bašo). Objavljen
je u zbirci pesama Bašoove škole *Ogrtač za majmuna*
(1691).

海士の屋は小海老にまじるいとゞ哉

Ribarska kuća:
među račićima se
pomiču popci.   (1690)

U zalivu Katada Bašo je posetio ribarsku kuću. U toj siromašnoj kući bila je korpa sa ulovljenim račićima. Oko nje, na zemljanom podu, skakali su smeđi popci dugih nogu, a neki su se pomicali u samoj korpi, izmešani sa račićima. „Ribarska kuća" često je opevana u starim vaka pesmama kao metafora za lutalački jad u tuđini. Pesma izražava osećanje pesnika koji se u toj kući zatekao jednog samotnog jesenjeg popodneva kao putnik namernik. Ali, odvojeno od te tradicije, ona daje samo objektivno sliku unutrašnjosti jedne ribarske kuće i ne sadrži ništa subjektivno. U tom smislu, ona je bila nagoveštaj novijeg pristupa u haikai poeziji, odnosno, preteča Busona i Šikija. Bašoov učenik Bonćo nije pogrešio kad je, prilikom izbora pesama za zbirku *Ogrtač za majmuna*, naročito pohvalio pesmu za novinu ideje.

物いへば唇寒し穐の風

Izustiš li reč,
usne se naglo slede.
Jesenji vetar.   (1691)

Uz pesmu je pretekst koji je uzet iz kineskog teksta
„Zlatno pravilo: ne pomenuti mane drugih, ne isticati
svoje vrline". Ona je stekla veliku popularnost kao
poslovica koja bi značila da ne treba kazati ništa
nepromišljeno. S druge strane, ona govori o ličnosti
ovog velikog pesnika. Bašo je bio slobodan čovek,
ništa ga nije vezivalo, bio je strog prema sebi i uče-
nicima kad je reč o umetnosti. Ali je umeo da se savla-
da i da bude umeren prema svojim prijateljima i uče-
nicima, tako da je oko sebe okupljao veliki broj po-
štovalaca koji su ga smatrali „živim svecem".

家はみな杖にしら髪の墓参

Svi ukućani
sedi, sa štapovima:
poseta grobu.   (1694)

Na poziv svoga brata Hanzaemona, Bašo se još jed-
nom vratio u zavičaj da na zadušnici poseti grob svo-
jih predaka. Na okupu su bili članovi porodice, svi u
odmaklim godinama i – zreli da se pridruže pokojnici-
ma! U poslednjoj godini života, Bašo se često osvrće
na starost. U njegovo vreme, važila je krilatica: „Život
traje pedeset godina", a Bašo je imao taman toliko. U
ovoj pesmi, on je prizor koji je video na porodičnom
grobu oslikao jednostavnim jezikom, sa toplinom i iz-
vesnom dozom komike. „Poseta grobu" na zadušnici
pada petnaestog sedmog, po starom kalendaru, i spa-
da u jesenje događaje.

いなづまや闇の方行五位の聲

Zasinu munja!
Krik čaplje što odlete
u noćnu tamu.　　　　　　(1694)

„Munja" je česta meteorološka pojava u jesen. Bez
grmljavine i kiše njen blesak oštro cepa daleko noćno
nebo. „Čaplja", o kojoj je ovde reč, jeste gak kvaka-
vac ili noćna čaplja, barska ptica srednje veličine, koja
noću, u letu kvače neprijatnim glasom. Povezivanjem
dve pojave koje deluju na različita čula (vid i sluh),
Bašo je stvorio mističnu romanesknu sliku jesenje noći
kao odsečak iz neke priče.

菊の香や奈良には古き佛達

Pah hrizantema.
U Nari su bogovi
i drevne Bude.   (1694)

Devetog devetog 1694, na dan praznika hrizanteme,
Bašo je posetio drevnu prestonicu Nara. Ulice su bile
pune mirisa ovog cveta, koji je pesnika vraćao u da-
leku prošlost. Iz mirisa otmenog jesenjeg cveta Bašo
izvlači miris drevnog vremena i drevnog grada. Hri-
zantema je ovde katalizator pomoću kojeg je pesnik
udahnuo život u stare budističke statue, koje se pre-
tvaraju u žive bogove i Bude. Bašoovo zdravlje već je
bilo narušeno i njegova misao se sve češće okretala
prema prošlosti. Možda je ovo poslednja pesma ovog
velikog majstora u kojoj je blesnula radost života.

此道や行人なしに秋の暮

Ovaj puteljak.
Ne ide više niko,
jesenje veče.   (1694)

Bašoovo verovatno predosećanje bliske smrti, inspiri-
salo je ovu pesmu. Slika je jasna: pusto polje, uska
staza, sumark, kraj jeseni. Istovremeno, to je unutra-
šnji pejzaž velikog majstora koji se u svojoj pedese-
toj godini oseća sve usamljenijim na svom putu poe-
zije. U konačnoj verziji ove pesme, Bašo je napravio
intervenciju: zamenio je jedno slovo na kraju prvog
stiha označavajući postojanje kratkog prekida na tom
mestu, da bi taj stih glasio „Ovaj puteljek" umesto
prvobitnog „Ovim puteljkom". Tom izmenom, pome-
reno je težište pesme sa trećeg na prvi stih i početna
tema koja je bila naznačena u poslednjem stihu,
„jesenje veče", u smislu kraja jeseni, odnosno, sumraka
života, ustupila je mesto pravoj temi: usamljenički put
umetnika. Pesma je objavljena u zbirci Bašoovih pesa-
ma *Dnevnik putnog ranca* izdatoj 1695, posthumno.

此秋は何で年よる雲に鳥

Ove jeseni,
što li osetih starost?
Ptica u oblaku.   (1694)

Pošto je bio u svom zavičaju na zadušnici, Bašo je po-
novo krenuo na put, ali se ubrzo razboleo i bio primo-
ran da ostane u gradu Osaka. U pismu bratu Hanza-
emonu žalio se da ima drhtavicu i glavobolju. Prva dva
stiha izražavaju tugu zbog starosti, izrečenu s lakoćom
(karumi), u spontanom govornom stilu. Takvo subjek-
tivno osećanje će u trećem stihu dobiti materijalizo-
van oblik u ptici koja nestaje u oblaku. Iz teksta učenika
Šikoa koji je sastavio zbirku *Dnevnik putnog ranca*, sa-
znajemo da se Bašo ceo dan mučio („kidao svoju utro-
bu"), dok nije pronašao ovih pet slogova u posled-
njem stihu.

秋深き隣は何をする人ぞ

U poznu jesen
šta li taj čovek radi,
moj prvi sused?   (1694)

Bolestan i bez ikoga, Bašo leži i osluškuje jesen. Iz
susedove kuće ništa se ne čuje: i on, valjda, ima umet-
ničku dušu i uživa u toj pustoj tišini. Dva suseda žive
jedan kraj drugoga, obojica u poznom dobu, a dele
samo tišinu i samotno osećanje. Živeti u usamljenosti,
bila je Bašoova životna estetika. Ali, za razliku od nje-
govog prethodnika Saigjoa, on je, kroz usamljenost,
tražio most prema drugima. Pesma je jednodelna, bez
prekida, i svojom jednostavnošću upitnog oblika sva-
kom čitaocu ostavlja mogućnost da sam odgovori na
Bašoov poziv da mu se pridruži.

冬

ZIMA

雪の朝獨り干鮭を嚙得タリ

Jutro u snegu:
suvoga lososa imam,
glođem ga ja sam.　　　　　　(1680)

Pošto se u zimu 1680. povukao u kolibu u predgrađu
Eda, Bašo počinje novi život. To je život odricanja
kako i priliči jednom pustinjaku. Potpuno se predaje
poeziji i piše veći broj pesama o bedi i jadu, bez senti-
mentalnosti. I u ovoj pesmi, majstor ne tuguje zbog svog
jadnog života, već s ponosom ističe da nema ni bogat-
stva, niti želje za slavom. „Bogati se hrane mesom, a
častoljubivi se izdržavaju korenjem. Ja živim u osku-
dici", napisao je u pretekstu. Sušen losos bio je tada
tipična zimska hrana za siromašne. Da bi se održala
tenzija u pesmi, Bašo je, u ovom periodu često rušio
versifikaciju. U ovoj pesmi srednji stih ima osam ume-
sto sedam slogova.

櫓の声波ヲうつて腸氷ル夜やなみだ

Veslo po talasima udara,
utroba mi se ledi
u noći: suze.   (1681)

Višak slogova u prvom stihu (deset, umesto pet),
oponašanje starokineske poezije i „lom" usred trećeg
stiha, jasno pokazuju da pesma spada u „avangardni"
period Bašoovog stvaralaštva. Pesnik je želeo da
ovakvim stilom izrazi unutrašnju napetost koja proiz-
lazi iz otpora prema dotadašnjem lagodnom načinu
života i okoštalom pristupu poeziji. Bolje rečeno, tak-
vo unutrašnje stanje pesnika nametnulo je ovakvu formu
i izraze. Pored Bašoove kolibe na reci Sumida prola-
zile su lađe koje su prenosile teret i on je mogao sva-
ke noći da sluša kako škripa vesala odjekuje na tala-
sima reke.

草枕犬も時雨〻かよるのこゑ

Jastuk od trave.
Tuče li psa zimska kiša:
lavež u noći.　　　　　　　　(1684)

Posle više meseci provedenih na putu „Belih kostiju"
Bašo dočekuje zimu u gradu Nagoja u središnjem delu
Japana. Jastuk od trave ne mora bukvalno da znači
noćenje na poljani, već konak na putu uopšte. Sitna i
promenljiva „zimska kiša" (šigure), koja čas pada, čas
prestaje, omiljena je tema japanskih pesnika kao sim-
bol nepostojanosti ovog sveta. Bašo se u ovoj pesmi
pita da li i pas koji cvili na zimskoj kiši oseća jad nepo-
stojanog života kao i on. Mada srednji stih ima višak
od jednog sloga, pesma teče prirodno i više nema onu
tenziju karakterističnu za prethodni period.

海くれて鴨のこゑほのかに白し

Mrači se more,
jedva se bele
krici divljih pataka.   (1684)

Pesma je objavljena u zapisu *Put belih kostiju* pod naslovom „Na kraju dana provedenog na obali". U njoj je, na upečatljiv način, Bašo primenio sinesteziju, odnosno „slušanje boje". U polumraku na moru, gde je samo površina vode blago osvetljena, kroz tu belinu čuju se krici divljih pataka. Pesnik je u trenutktu shvatio da su ti krici beli, i tako se izrazio. Čudesan utisak koji ova pesma ostavlja na čitaoca ostvaren je, između ostalog, zahvaljujući njenoj neobičnoj formi (5/5/7), inverziji drugog i trećeg stiha. Posle prve antologije pesama *Manjošu* iz osmog veka, japanski pesnici nisu pevali o kricima divljih pataka. Bašo ih je ovom pesmom vratio kao motiv u svet haikaija. Divlja patka je ptica selica koja stiže na japanski arhipelag u jesen i vraća se na sever u proleće.

年暮ぬ笠きて草鞋はきながら

Minu godina,
ja i dalje sa šeširom
i sandalama.   (1684)

Ovaj haiku veoma jasno izražava Bašoovu misao da
je život konak na putu. Posle četiri meseca putovanja
više nema one patetike koja ga je opterećivala kad je
krenuo. Pesnik prihvata put kao svoj način života.
Bašo je stigao u svoj zavičaj Ueno da provede Novu
godinu, ali nije mogao da se oslobodi osećanja da je
još uvek na putu, da mu je rodno mesto samo jedan
od konaka na putovanju koje se zove život. Cela ta
misao izražena je kroz dva konkretna, nimalo otme-
na predmeta – šešir od šaše i sandale od slame. Sto go-
dina kasnije, veliki pesnik Buson, koji je neizmerno
poštovao Bašoa, posvetiće ovoj pesmi jedan haiku:
Otišao Bašo, / a nikako da potom / mine godina.

木枯やたけにかくれてしづまりぬ

Studena bura –
skrila se međ bambuse,
tu utihnula.   (1685)

Ovaj haiku objavljen je tek posle smrti majstora uz
naslov „Za sliku bambusa". Bašo je za života često
pisao pesme i tekstove za slike na molbu vlasnika. I
sam je slikao i na slikama ispisivao svoje stihove.
Ovde je reč o slici s uobičajenim likovnim motivom
„Retki bambusi na zimskoj steni". Njen pusti zimski
pejzaž izazvao je kod pesnika asocijaciju na studenu
buru koja je besnela napolju. Vetar se naglo stišao dok
je Bašo razgledao sliku, kao da je prestao na samoj
slici. Cela pesma protiče uz efektno izveden *decre-
scendo*. „Studena bura" (kogaraši) je suv severoza-
padni vetar koji, uz fijuk duva u prvoj polovini zime.
Kogaraši, na japanskom znači „vetar koji suši drvo".

初雪や水仙のはのたはむまで

Prvi sneg pade:
tek da se list narcisa
malo povije.   (1686)

„Sneg" je jedan od četiri osnovna motiva u japanskom
pesništvu. Gledati prvi sneg iz svoje kolibe na reci
Sumida, izgleda, bila je Bašoova opsesija. On sam
priznaje u tekstu uz ovu pesmu da je uvek žurio kući,
prekidajući svaki posao u gradu, čim se naoblači. Te
1686. godine, prvi sneg došao je kasno, tek osamnae-
stog dvanaestog, po starom kalendaru. Bašo se raduje
snegu, ali ga još više razveseljava otkriće male prome-
ne koju je taj sneg izazvao u prirodi. Bledozeleni list
narcisa, čiji je beli cvet simbol čistote, najpogodniji
je da se pesnik divi belini prvog snega. Izraz „tek da
se... malo povije", precizan je opis stanja i obima pa-
davina, ali ima i prizvuk priželjikivanja, kao da je pe-
snik čekao samo toliko snega. U tome je čarolija Ba-
šoovih reči.

君火をたけよき物見せん雪まろげ

Ti naloži vatru.
Videćeš nešto lepo –
loptu od snega.   (1686)

Posle više godina pustinjačkog života u kolibi i na
putu, jad i beda za Bašoa više nisu nešto što on treba
da naglasi kao izraz otpora. Oni su postali izvor nevi-
ne radosti. Jedan slog više u prvom stihu izraz je takve
opuštenosti koja provejava kroz celu pesmu. Ona je
u celini napisana govornim jezikom, u obliku obraća-
nja prijatelju. Taj prijatelj bio je učenik Sora, poštenjak
kojem će pripasti čast da prati svoga učitelja na putu
„Uske staze". Često je dolazio u Bašoovu kolibu da
pomogne učitelju. Pesnik nije imao čime da ga ugosti,
osim – loptom od snega.

旅人と我名よばれん初霽

Tako zaželim
da putnikom me zovu.
Prva zimska kiša.   (1687)

Ovo je prvi haiku u zapisu *Beleške u putnom rancu*.
Uz pesmu je Bašo napisao: „Početkom desetog me-
seca vreme postade nestabilno, a ja se osetih kao list
koji vetar nosi u neizvesnost." Tri godine je prošlo od
puta „Belih kostiju" i pesma sadrži puno radosti i
priželjkivanja pesnika, pomalo teatralno izraženog, da
se nađe kao putnik na prvoj zimskoj kiši. U istoj knji-
zi, Bašo piše: „Veliki umetnici žive u skladu sa prome-
nama u prirodi, družeći se sa četiri godišnja doba kao
s prijateljima. Oni nalaze cvet u svemu što gledaju, a
mesec u svemu što zamišljaju." Takvi su bili pesnici
Saigjo i Sogi, takvi su bili i slikar Sešu i majstor čaja
Rikju. Opisujući sebe kao putnika na zimskoj kiši, Bašo
je samo potvrdio svoju odlučnost da nasledi njihov
umetnički duh.

冬の日や馬上に氷る影法師

Zimsko je sunce.
Na konju mi se mrznu
obrisi senke.   (1687)

Pesma je objavljena u *Beleškama u putnom rancu*, uz
tekst: „U mestu Navate kod Amacua, ima uska staza
kroz pirinčano polje, gde je vetar sa mora veoma hla-
dan." Iz prve verzije ovog haikua Bašo je izbacio pusto
pirinčano polje, iz druge svoju promrzlu senku koju
je sa konja video na zaleđenom polju. U konačnoj ver-
ziji, ostavio je samo sebe, smrznutog na konju na zu-
batom zimskom suncu. Tako je stvorena pesma koja,
umesto zimskog pejzaža opisuje psihološko stanje put-
nika čija su čula zatomljena zbog izuzetne hladnoće,
a koja sadrži samo njegovu smrznutu senku.

鷹一つ見付てうれしいらご崎

Sokola jednog
na svoju radost naδoh:
na rtu Irago.   (1687)

Bašoov učenik Tokoku bio je bogat trgovac ali je
osuđen na kaznu progonstva i mlad se povukao u skro-
vitno mesto na rtu Irago. Bašo ga je posebno voleo i
prevalio je desetine kilometara da ga poseti. Taj su-
sret koji se pominje u *Beleškama u putnom rancu*, bio
je povod za ovu pesmu. Rt Irago poznato je mesto ope-
vano u starim pesmama kao svratište kobaca i škanjaca
koji se u jesen sele na jug. Bašo je, verovatno našao
jednog koji se tu zadržavao duže, ostavljen od dru-
gih, pa ga je odmah povezao sa sudbinom voljenog
učenika. „Soko” je tipična ptica grabljivica hrabrog i
dostojanstvenog držanja, verni pratilac samuraja u lovu.
U haikai pesništvu tretira se kao zimska ptica.

いざさらば雪見にころぶ所迄

A sad hajdemo,
da divan gledamo sneg
dok ne padnemo.   (1687)

Početkom dvanaestog meseca 1687, po starom kalen-
daru, Bašo je boravio u gradu Nagoja na putu „Putnog
ranca". Dok je bio kod jednog od svojih učenika
počeo je sneg da pada. Kao i razgledanje trešnjevog
cveta u proleće, i punog meseca u jesen, „gledanje"
snega bilo je posebna umetnička prigoda u zimu, ko-
ju pesnik treba da proživljava do kraja (dok ne padne
s nogu). Izrečen prisnim govornim jezikom, prvi stih
jeste Bašoov poziv prisutnim pesnicima da mu se pri-
druže u veselju.

箱根こす人も有らし今朝の雪

Kao da kreću
na put preko Hakone.
Jutrošnji sneg.　　　　　　　　(1687)

Za ondašnje putnike put preko planine Hakone, dug
tridesetak kilometara, s bezbroj strmih i opasnih uzbr-
dica i nizbrdica, bio je najveća prirodna prepreka
između dve prestonice, Eda i Kjota. Pored toga, tu je
bio i granični prelaz gde se strogo proveravao svako
ko želi da uđe ili izađe iz sedišta šogunata Eda. Te
1687. godine, Bašo je sneg dočekao na putu, u okolini
grada Nagoja. Pesma govori o raspoloženju pesnika
koji, gledajući sneg jednog zimskog jutra, misli na
muke putnika koji u nevreme, prelaze planinu, kao on
pre izvesnog vremena.

ふるさとや臍の緒に泣年の暮

U rodnom selu:
suze nad pupčanicom
krajem godine.   (1687)

Kad se tri godine ranije, vratio u svoje rodno mesto
Ueno, Bašo je izrazio uverenje da mu je i zavičaj –
konak na putu. Ali, rodno selo, u ovoj pesmi nešto je
više od toga. Ono je polazište na životnom putu, i me-
sto u koje se putnik povremeno vraća i za koje je
vezan pupčanom vrpcom. Postoji i sada običaj da se
čuva pupčana vrpca kad se dete rodi. Pupčanica, rod-
no selo, i kraj godine, sva tri elementa koja čine ovu
pesmu, ovde su se stekla, i Bašo je zaplakao. „Suze" su
ovde poetsko vezivo. Dve tačke iza prvog stiha poka-
zuju da je tu prekid, da ovo „rodno selo" nije puka lo-
kacija gde je pesnik lio suze, već je nosliac celokup-
nog osećanja koje ta reč ima u sebi i središnja tema
pesme. To je u stvari skraćen oblik rečenice „(Ja sam
sada) u rodnom selu!" Dva sledeća stiha čine razradu
tog osećanja i odgovor na suštinsko pitanje „Šta je
zavičaj za tebe?"

初しぐれ猿も小蓑をほしげ也

Prva zimska kiša.
I majmun ko da želi
slamni ogrtač. (1689)

Ovaj haiku objavljen je na prvoj stranici poznate zbir-
ke pesama Bašoove škole *Ogrtač za majmuna*, što
svedoči da su je visoko cenili urednici Kjorai i Bon-
ćo, kao i sam Bašo. U predgovoru te knjige, Kikaku
je napisao: "Kad naš učitelj beše na planini na putu za
Igu, obuče majmuna u ogtrač od slame i udahnu u nj
Boga haikaija, te majmun smesta dreknu tako tužno.
To je prava magija, dostojna poštovanja. Sastaviše
zato zbirku s ovim stihovima kao prvim i nazvaše je
Ogrtačem za majmuna." U ovoj pesmi opsiana je pu-
sta samotna atmosfera zimske kiše u planini. Tu je i
komika s majmunom ogrnutim zamišljenim slamnim
ogrtačem (mora da je to mali, mali ogrtač!). Tu je, opet,
toplina pesnikovog srca, saosećanje i ljubav prema
malom i nemoćnom biću (rečca „i" u srednjem stihu).
Ali, ovo je, pre svega, pesma radosti – radosti umetni-
čkog doživljaja pesnika što se našao na putu na zim-
skoj kiši (šigure). Reč „prva", u prvom stihu, ima pri-
zvuk kao da se na zimsku kišu jedva čekalo. Bašou
se učinilo da i majmun želi s njim da deli tu radost
tražeći sebi ogrtač od slame, taj simbol putovanja.

百年の気色を庭の落葉哉

Dahom stoleća
odiše vrt pokriven
opalim lišćem.   (1691)

Bašo je ovu pesmu poklonio svom učeniku, svešte-
niku jednog budističkog hrama u gradu Hikone, čiji
je bio gost. Hram je bio tada star oko sto godina, a
njegov vrt ukrašen kamenom, drvećem i bambusima
odavao je starinski izgled. Opalo lišće koje je prekri-
valo vrt samo je pojačavalo smirenu atmosferu starog
hrama. Ovo je „pozdravna" pesma napisana u pohva-
lu domaćinu koji je Bašoa primio na koanak. U japan-
skoj tradicionalnoj peoziji, „opalo lišće" smatra se po-
javom s početka zime.

葱白く洗ひたてたるさむさ哉

Do beline su
isprani praziluci:
kakva hladnoća!   (1691)

Posle tri godine boravka u Kjotu i okolini, Bašo je, kra-
jem devetog meseca 1691, odlučio da se vrati u Edo.
Usput je posetio jednog prijatelja, pesnika i sveštenika
budističkog hrama u selu Tarui. Mesto je bilo poznato
po proizvodnji praziluka. Pošto su mu pokazali taj na-
daleko čuveni praziluk, Bašo je napisao ovu „pozdra-
vnu" pesmu. Ona govori o zimskoj hladnoći. Bašo je
dao efektan opis vizuelnim ekvivalentom: belinom pra-
ziluka. „Belina" je ovde izraz samoga bića praziluka,
ispranog od blata, „oljuštenog" od svega suvišnog.

埋火や壁には客の影ぼうし

Žar u pepelu.
Na zidu su mi ko gost
obrisi senke.   (1692)

Ovo je pesma o mirnom zimskom večeru. Dva pri-
jatelja sede i razgovaraju uz mangal. Pesma je nastala
kad je Bašo posetio svog prijatelja u Edu. „Gost" je,
dakle, sam Bašo. Prvi stih „Žar u pepelu", kao izdvo-
jena celina, ne određuje samo vreme (zimska noć) i pro-
stor (gostinska soba), već i sadržaj sledeća dva stiha.
Ovde se ne može voditi „vatrena" rasprava, već tih raz-
govor smirenih ljudi.

塩鯛の歯ぐきも寒し魚の店

Promrzle desni
usoljenom zubacu
u ribarnici.   (1692)

Zimska hladnoća u ovoj pesmi dobila je intenzivan
izraz u „promrzlim desnima" usoljenog zubaca. U to-
me se vidi izvanredna opservacija pesnika Bašoa. Reč
„usoljeni zubatac" govori da je ribarnica pusta, da ne-
ma svežih riba ni školjki i da zimska oluja sigurno
besni na moru. Zima se tako širi s jedne tačke (desni
zubaca) na ceo prostor (ribarnica), oseća se u vazduhu,
pa prodire u dubinu duše i prerasta u tugu. Bašoov
prvi učenik Kikaku o ovoj pesmi piše: „(...) učitelj je
našao da su otrkivene desni usoljenog zubaca jedna-
ko puste i tužne. Mogao je to da poredi sa starošću i
da završi pesmu stihom 'Sumrak života', Ili 'Godina
minu.' Ali pokazao je veliku veštinu u upotrebi reči:
stavio je 'u ribarnici'." Bašo je ovim stihovima sasvim
prevazišao „bašoovski stil" i zakoračio u svet moderne
poezije.

95

旅に病で夢は枯野をかけ廻る

Bolestan na putu –
moji snovi obleć
svenulo polje.   (1694)

Ovo je Bašoova „labudova pesma". Izdiktirao ju je
jednom učeniku na samrtnoj postelji osmog desetog
1694. U grozničavom snu pred smrt, pesnik je video
sebe kako trči po zimskom polju. Snažna emocija je
prosto razbila pravilnu formu i stvorila višak od jed-
nog sloga u prvom stihu. Kao da je u pesniku oživeo
onaj unutrašnji naboj koji je nametao prekoračenje
broja slogova u traganju za novim izrazom. Šiko je
zabeležio šta mu je učitelj onda ispovedio: „Pred ras-
kršćem života i smrti možda nema smisla govoriti o
hokuu. Ali, već sam prešao pedeset godina života stal-
no misleći na svoj pesnički put. U snu sam leteo kroz
jutarnji oblak i večernji dim, na javi sam bivao izne-
nađen pevom ptica na planini i u bari. Budino učenje
uzima to za greh kao opsesiju i sada sam toga svestan.
Odsad ću misliti samo kako da zaboravim haikai kome
sam posvetio svoj život." Ali „opsesija" ga je terala
još uvek da doradi jednu svoju staru pesmu, pre nego
što izdahne, dvanaestog desetog u gradu Osaka. Pusto
i tužno „svenulo polje", bez boje i oblika, bilo je i ostalo
njegov estetski ideal. Neprekidno putovanje po sve-
nulom polju – takav je bio sav Bašoov pesnički život.

IZ „PUTNOG RANCA" VELIKOG MAJSTORA

U ovoj knjizi su prevodi osamdeset i jedne haiku pesme japanskog pesnika Macuo Bašoa (1644–1694). Pesme su svrstane u četiri godišnja doba, sa Novom godinom kao posebnim delom, onako kako se to obično radi u Japanu prilikom sastavljanja zbirki haiku pesama. U okviru svakog godišnjeg doba, poređane su hronološki, kako bi se mogla pratiti evolucija Bašoovog stvaralaštva.

Haiku (komični stih) jeste tradicionalna japanska poetska forma, najkraća od svih, sa svega sedamnaest slogova raščlanjenih u tri stiha, odnosno na tri člana (5/7/5). Zbog toga se za haiku može reći da je „trostih" ili „tročlani stih". Izvesno odstupanje, višak ili manjak slogova, dopušteno je kada za to ima opravdanje. Pored te relativno strogo određene forme, za haiku je karakteristično da sadrži kigo, tj. reč ili izraz koji određuje godišnje doba u pesmi, kao na primer, trešnjev cvet (proleće), setva pirinča (leto), zadušnica (jesen) ili svenulo polje (zima). Kigo je nosilac senzibiliteta prema godišnjim dobima koji je negovan kroz vekove i izvor je višeslojnih asocijacija koje dele pesnik i čitalac. Haiku bez znaka godišnjeg doba moguć je, ali je prava retkost. I na kraju, u haiku pesmi treba da postoji znak prekida – kiređi. On je tu da bi se haiku razlikovao od prvog dela duže poetske forme vaka (5/7/ 5/7/7) iz koje je nastao. Taj prekid ne mora da se pojavi samo na kraju pesme. On može da bude iza prvog ili drugog, kao i usred drugog ili trećeg stiha i lomi pesmu na dva dela te čini njenu strukturu složenom. U našem prevodu „lom" u strukturi pesme prikazan je tačkom, dvema tačkama, ili nekim drugim znakom interpunkcije.

Haiku vuče koren iz vaka pesništva. Vaka (japanska pesma) ili tanka (kratka pesma) jeste reprezentativna poetska forma sa trideset jednim slogom (5/7/5/7/7). U zbirci pesama *Kokin vakašu* (oko 905.) postoji rubrika haikaika (komična pesma). U kasnijem periodu, odvajanjem prvog i drugog dela vaka pesme, nastaje kolektivna pesnička igra renga (niska pesama), u kojoj prvi učesnik daje početne stihove hoku (5/7/5) a drugi sledeća dva (7/7) nadovezujući ih na prethodne i tako redom. Prva zbirka renga pesama pojavila se 1357. Pošto se za uspešno nadovezivanje na prethodne stihove tražila, između ostalog, i duhovitost, neke od tih niski svrstane su u komične (haikai no renga), iz kojih se početkom šesnaestog veka razvija niska komičnih stihova (haikai no rengu) kao poseban književni oblik. Kasnije će se reč haikai upotrebljavati gotovo isključivo za ovu vrstu književnosti.

Na početku, haiku je bio naziv za sve stihove u niski komičnih stihova. Ali veliki reformator tradicinalne japanske poezije Šiki (1867–1902) insistirao je da se početni stihovi hoku (5/7/5) potpuno osamostale pod nazivom haiku, priznajući samo njemu literarnu vrednost.

Pesme objavljene u ovoj knjizi su u stvari hoku, ti početni stihovi u niski stihova, koje je Bašo najvećim delom i napisao za takve pesničke skupove. Iza njega je ostao relativno mali broj hokua, 982 nepobitno njegova, i 530 „sumnjivih". Ali, pošto je Bašo bio veliki haikai majstor, njegovo ukupno književno delo svakako je daleko veće. On je stvorio specifičan književni oblik haibun, esejistički tekst sa hoku pesmom. Tu je i pet njegovih nezaobilaznih putopisa u kojima je majstor u vidu niza haibuna izneo svoje utiske s putovanja. Ti tekstovi koji, na izvestan način dopunjuju pesme, korišćeni su za pisanje komentara pojedinih pesama u ovoj knjizi.

Kad se 1644. rodio Macuo Kinsaku, kasnije Bašo, kao drugi sin samuraja Jozaemona iz mesta Ueno u provinciji Iga u zapadnom delu Japana, haikai je bio već priznat književni žanr, široko pesnički primenjivan. Pod imenom Macuo Munefusa on stupa u službu kod dve godine starijeg gospodara Todo Jošitade (pesničko ime Zengin) i od njega uči azbuku haikaija. Njegova prva objavljena pesma s potpisom Munefusa, potiče iz 1662, kad je imao devetnaest godina. Posle smrti mladog gospodara, 1666, on napušta samurajsku službu. U feudalnom društvu tadašnjeg Japana, gde je staleška podela na ratnike, seljake i trgovce veoma čvrsta, ovo znači da je dvadesetdvogodišnji mladić stavio sebe izvan društva. Bašo kasnije priznaje da se kolebao da li da potraži novu službu ili da se zamonaši, a na kraju se ipak opredelio za pesništvo. A godine 1672. (ili 1674.), pojavljuje se u istočnoj prestonici Edo čvrsto rešen da postane haikai majstor. Objavljuje pesme pod pesničkim imenom Tosei. Veruje se da je stekao naslov haikai majstora do 1678, i već je imao više učenika. Tadašnji haikai zasnivao se na smelom uvođenju narodnog jezika i motiva iz svakodnevice običnih ljudi koje tradicionalna vaka poezija nije priznavala, kao i na igri rečima i parodiji klasike kao izvoru komike. Bašoove pesme iz tog perioda pokazuju sve odlike tada popularnih haikai škola.

Iako veoma uspešan kao haikai majstor (bio je među osamnaest najboljih u tri velegrada Edu, Kjotu i Osaki), Bašo se u zimu 1680, iznenada povlači u kolibu na reci Sumida u predgrađu Eda. Namera mu je bila da se oslobodi svih banalnih obaveza haikai majstora i da se potpuno posveti poeziji. Nema sumnje da je na njegovu odluku uticalo učenje kineskih mislilaca Lao Cea i Čuang Cea, koji su isticali kao ideal život pustinjaka u nedrima prirode. U isto vreme majstor često posećuje zen sveštenika Bućoa koji je živeo u blizini. On je nastojao da prevaziđe tadašnji haikai uvođenjem motiva jada i bede usamljeničkog života, svesnim rušenjem versifikacije i upotrebom pseudokineskih fraza i tako je otvorio novi pesnički svet. Njegove pesme iz ovog ,,avangardnog" perioda napete su, snažne, pune svežih ideja, ali i izveštačene i idealističke. Sledećeg proleća, u bašti njegove kolibe zasađeno je drvo bašo (vrsta banane) koje je dobro napredovalo. Otada će se koliba zvati Bašoan (koliba bašoovog stabla), a pesnik će se potpisivati kao Bašo.

Veliki požar u Edu, koji je izbio dvadesetosmog dvanaestog 1682, po lunarnom kalendaru, korenito je izmenio život Bašoa. Njegova koliba je potpuno izgorela u vatri, a on sam jedva se spasao bekstvom u reku. Novu 1683. dočekuje u tuđoj kući, u mestu Kofu, gde se sklonio posle požara. Tek što se početkom leta vratio u Edo, stiže vest iz zavičaja da mu je majka umrla. Pesnik je na svojoj koži osetio prolaznost ovog sveta. Njega sve više obuzima misao da je život konak na putu i da treba na tom putu da potraži istinsku tugu u samoći kakvu su opevali srednjovekovni pesnici-pustinjaci u svojim vaka pesmama.

Osmog meseca 1684, po starom kalendaru, Bašo kreće na prvo veliko putovanje, izrazivši na polasku svoju spremnost da položi svoj život na putu. To je tzv. put „Belih kostiju" koji je trajao devet meseci. Na ovom putovanju pesnik se oslobađa izraza preuzetih iz starokineske poezije i razvija sopstveni haikai svet koji će se zvati „bašoovskim stilom". Poznata pesma o starom ribnjaku nastaje 1686, posle ovog putovanja, u novoj kolibi bašoovog stabla na reci Sumida. Sledeće veliko Bašoovo putovanje jeste tzv. put „Putnog ranca", koji je počeo desetog meseca 1687, i trajao šest meseci. U zapisu *Beleške u putnom rancu*, u kojem opisuje ovo putovanje, Bašo se pojavljuje kao pesnik koji ima svoju jasno određenu viziju umetnosti. Zapis sadrži i više pesama koje se ubrajaju u njegova vrhunska ostvarenja. One pokazuju potpuno sazrevanje „bašoovskog stila", poezije skladne forme i duboke misaonosti.

Treće veliko putovanje je bio put na Daleki sever ili put „Uske staze" iz 1689. Ono je bilo najteže. Pomalo narušenog zdravlja, Bašo je prevalio gotovo 2.400 kilometara za šest meseci. Ovo je i najpoznatije njegovo putovanje jer je na njemu nastao rukopis *Uska staza prema Dalekom severu*. U toj knjizi, Bašo se okreće tradiciji klasičnog japanskog vaka pesništva crpeći iz njega ideje o nepostojanosti ovog sveta i lepoti usamljeničke tuge. Ona je vrhunac književnog stvaranja ovog haikai majstora. Nije čudno, što je u ovom izboru najviše pesama nastalih na ovom putovanju – petnaest. One su odraz Bušoovog shvatanja prirode kao simbola života. Jezik tih pesama uzvišen je, a forma skladna. Po završetku puta, Bašo provodi dve godine u Kjotu i okolini pomažući svojim učenicima da sastave zbirku pesama *Sarumino* (*Ogrtač za majmuna*) u kojoj su prikazana sva dostignuća u haikaiju njegove škole.

Na ovom putovanju, Bašo dolazi do saznanja da je svet u stalnim promenama i da pesnik može da dođe do nepromenljivog umetničkog bića haikaija samo stalnim traganjem za novim u skladu sa tim promenama. Vrativši se u Edo, 1691, on nastavlja istraživanje novih izražajnih mogućnosti. Nalazio je motive u svakodnevici, opevao ih onako kako ih je video, jednostavnim jezikom bez uzvišenog tona i drugih opterećenja. To je stil „karumi" (lakoća), koji je – kako se Bašo izrazio – „lak kao rečna voda koja protiče plitkim peščanim koritom", kojim je majstor pokušao da prevaziđe sopstveni „bašoovski stil".

U to vreme, stari pesnik se sve više oseća usamljenim u svojim umetničkim traganjima. U poslednjoj godini svoga života, petog meseca 1694. godine, Bašo kreće na poslednje putovanje. Po njegovoj pesmi, nazovimo ga put „Svenulog polja". Razboleo se na tom putu, i umro u gradu Osaka, u pedesetoj godini. Bilo je to dvanaestog desetog, po lunarnom kalendaru.

Hiroši Jamasaki-Vukelić

INDEKS KIGOA

NOVA GODINA

Nova godina 7

JESEN

ZIMA

SPISAK PESAMA SA IZGOVORIMA

花の雲鐘は上野か浅草歟 18
hana no kumo / kane va ueno ka / asakusa ka
雲雀より空にやすらふ峠哉 19
hibari jori / sora ni jasurau / tooge kana
ほろほろと山吹ちるか瀧の音 20
horohoroto / jamabuki ćiru ka / taki no oto
父母のしきりに戀し雉子の声 21
ćićihaha no / šikirini koiši / kiđi no koe
草臥て宿かる比や藤の花 22
kutabirete / jado karu koro ja / fuđi no hana
行はるや鳥啼うをの目は泪 23
juku haru ja / tori naki uo no / me va namida
うぐひすの笠おとしたる椿哉 24
uguisu no / kasa otošitaru / cubaki kana
山里は万歳おそし梅の花 25
jamazato va / manzai ososhi / ume no hana
鶯や餅に糞する椽の先 26
uguisu ja / moći ni funsuru / en no saki
猫の戀やむとき閨の朧月 27
neko no koi / jamu toki neja no / oborozuki
むめがゝにのつと日の出る山路かな 28
umegaka ni / notto hi no deru / jamađi kana
春雨や蜂の巣つたふ屋ねの漏 29
harusame ja / haći no su cutau / jane no mori
青柳の泥にしだるゝ塩干かな 30
aojagi no / doro ni šidaruru / šiohi kana

夏
LETO

馬ぼくぼく我を亐に見る夏野哉 33
uma bokuboku / vare o e ni miru / nacuno kana
夏衣いまだ虱をとりつくさず 34
nacugoromo / imada širami o / toricukusazu

若葉して御めの雫ぬぐはゞや 35
vakaba šite / onme no šizuku / nuguvabaja
ほとゝぎす消行方や嶋一ツ 36
hototogisu / kiejuku kata ja / šima hitocu
蛸壺やはかなき夢を夏の月 37
takocubo ja / hakanaki jume o / nacu no cuki
おもしろうてやがてかなしき鵜舟哉 38
omoširoote / jagate kanašiki / ubune kana
あらたうと青葉若葉の日の光 39
ara tooto / aoba vakaba no / hi no hikari
風流の初やおくの田植うた 40
fuurjuu no / hađime ja oku no / taueuta
夏草や兵共がゆめの跡 41
nacukusa ja / cuvamonodomo ga / jume no ato
五月雨のふり残してや光堂 42
samidare no / furinokošite ja / hikaridoo
蚤虱馬の尿する枕もと 43
nomi širami / uma no šitosuru / makuramoto
這出よかひやが下のひきの聲 44
haiidejo / kaija ga šita no / hiki no koe
閑さや岩にしみ入蝉の聲 45
šizukasa ja / iva ni šimiiru / semi no koe
五月雨をあつめて早し最上川 46
samidare o / acumete hajaši / mogamigava
涼しさやほの三か月の羽黒山 47
suzušisa ja / hono mikazuki no / hagurojama
雲の峯いくつ崩れて月の山 48
kumo no mine / ikucu kuzurete / cuki no jama
頓て死ぬけしきは見えず蝉の聲 49
jagate šinu / kešiki va miezu / semi no koe
うき我をさびしがらせよかんこどり 50
uki vare o / sabišigarasejo / kankodori

うぐひすや竹の子藪に老を鳴 51
uguisu ja / takenokojabu ni / oi o naku
朝露によごれて涼し瓜の泥 52
asacuju ni / jogorete suzuši / uri no doro

秋
JESEN

夜ル竊ニ虫は月下の栗を穿ツ 55
joru hisokani / muši va gekka no / kuri o ugacu
枯枝に烏のとまりたるや秋の暮 56
kareeda ni / karasu no tomaritaru ja / aki no kure
野ざらしを心に風のしむ身哉 57
nozaraši o / kokoro ni kaze no / šimu mi kana
道のべの木槿は馬にくはれけり 58
mićinobe no / mukuge va uma ni / kuvarekeri
手にとらば消んなみだぞあつき秋の霜 59
te ni toraba kien / namida zo acuki / aki no šimo
名月や池をめぐりて夜もすがら 60
meegecu ja / ike o megurite / jomosugara
荒海や佐渡によこたふ天河 61
araumi ja / sado ni jokotau / amanogava
あかあかと日は難面もあきの風 62
akaakato / hi va curenaku mo / aki no kaze
塚もうごけ我泣こゑは秋の風 63
cuka mo ugoke / vaga naku koe va / aki no kaze
むざんやな甲の下のきりぎりす 64
Muzan jana / kabuto no šita no / kirigirisu
胡蝶にもならで秋ふる菜虫哉 65
koćoo nimo / narade aki furu / namuši kana
病鴈の夜さむに落て旅ね哉 66
bjoogan no / josamu ni oćite / tabine kana
海士の屋は小海老にまじるいとゞ哉 67
ama no ja va / koebi ni mađiru / itodo kana
物いへば唇寒し穐の風 68
mono ieba / kućibiru samuši / aki no kaze

家はみな杖にしら髪の墓参 69
ie va mina / cue ni širaga no / hakamairi
いなづまや闇の方行五位の聲 70
inazuma ja / jami no kata juku / goi no koe
菊の香や奈良には古き佛達 71
kiku no ka ja / nara niva furuki / hotoketaći
此道や行人なしに秋の暮 72
kono mići ja / juku hito naši ni / aki no kure
此秋は何で年よる雲に鳥 73
kono aki va / nande tošijoru / kumo ni tori
秋深き隣は何をする人ぞ 74
aki fukaki / tonari va nani o / suru hito zo

冬
ZIMA

雪の朝獨リ干鮭を嚙得タリ 77
juki no asa / hitori karasake o / kamietari
櫓の声波ヲうつて膓氷ル夜やなみだ 78
ro no koe nami o utte / haravata kooru / jo ja namida
草枕犬も時雨ゝかよるのこゑ 79
kusamakura / inu mo šigururu ka / joru no koe
海くれて鴨のこゑほのかに白し 80
umi kurete / kamo no koe / honokani široši
年暮ぬ笠きて草鞋はきながら 81
toši kurenu / kasa kite varađi / hakinagara
木枯やたけにかくれてしづまりぬ 82
kogaraši ja / take ni kakurete / šizumarinu
初雪や水仙のはのたはむまで 83
hacujuki ja / suisen no ha no / tavamu made
君火をたけよき物見せん雪まろげ 84
kimi hi o take / joki mono misen / jukimaroge
旅人と我名よばれん初霽 85
tabibito to / vaga na jobaren / hacušigure
冬の日や馬上に氷る影法師 86
fuju no hi ja / bađoo ni kooru / kagebooši

109

鷹一つ見付てうれしいらご崎 87

taka hitocu / micukete ureši / iragozaki

いざさらば雪見にころぶ所迄 88

iza saraba / jukimi ni korobu / tokoro made

箱根こす人も有らし今朝の雪 89

hakone kosu / hito mo aruraši / kesa no juki

ふるさとや臍の緒に泣年の暮 90

furusato ja / hesonoo ni naku / toši no kure

初しぐれ猿も小蓑をほしげ也 91

hacušigure / saru mo komino o / hošige nari

百年の気色を庭の落葉哉 92

momotose no / kešiki o niva no / oćiba kana

葱白く洗ひたてたるさむさ哉 93

negi široku / araitatetaru / samusa kana

埋火や壁には客の影ぼうし 94

uzumibi ja / kabe niva kjaku no / kagebooši

塩鯛の歯ぐきも寒し魚の店 95

šiodai no / haguki mo samuši / uo no tana

旅に病で夢は枯野をかけ廻る 96

tabi ni jande / jume va kareno o / kakemeguru

SADRŽAJ

111

Macuo Bašo
SVENULO POLJE
Izabrane haiku pesme
*
Izdavačko preduzeće RAD,
Beograd, Dečanska 12
radbooks@eunet.yu
*
Za izdavača
SIMON SIMONOVIĆ
*
Lektor i korektor
MILADIN ĆULAFIĆ
*
Grafička oprema
NENAD SIMONOVIĆ
*
Štampa
Elvod-print, Lazarevac

CIP - Katalogizacija u publikaciji
Narodna biblioteka Srbije, Beograd

821.521-193
821.521.09-193

БАШО, МАЦУО
Svenulo polje : izabrane haiku pesme/Macuo Bašo:
preveli s japanskog Hiroši Jamasaki-Vukelić i Srba
Mitrović; priredio i komentar napisao Hiroši
Jamasaki-Vukelić. - Beograd: Rad, 2008 (Lazarevac
:Elvod-print). -119 str. ; 18cm. - (Reč i misao; knj. 586)
Pogovor: str. 97-102.

ISBN 978-86-09-00981-5

1. Јамасаки-Вукелић, Хироши(преводилац)
(уредник) (аутор додатног текста)

COBISS. SR-ID 147937548